Marcel L.
Alle Religionen sind verirrt
Originalfassung

Marcel L.

Alle Religionen sind verirrt

Ein Manifest

über das Wirken der Schöpfer in uns

Bibliografische Information der Deutschen Nationalbibliothek:
Die Deutsche Nationalbibliothek verzeichnet diese Publikation in der Deutschen Nationalbibliografie; detaillierte bibliografische Daten sind im Internet über https://dnb.dnb.de abrufbar.

Verlag:
 BoD · Books on Demand GmbH, Überseering 33,
22297 Hamburg, bod@bod.de

Druck:
Libri Plureos GmbH, Friedensallee 273, 22763 Hamburg

ISBN:
978-3-8192-0711-2

Erhältlich bei:
https://buchshop.bod.de I In vielen Buchhandlungen

Kontakt für Leserbriefe:
Postfach 11 11
49584 Fürstenau

Social Media:
https://x.com/MarcelL_1986

Inhaltsverzeichnis

ANMERKUNG DES AUTORS

Lieber Leser, vielen Dank, dass Du diese Reise mit mir gehst. Dass Dich mein Manifest erreicht hat, freut mich sehr.

Ich möchte keine klassische Werbung machen. Marketing kann düster sein; es dringt in unsere Psyche ein und manipuliert uns zu Käufen, die wir nicht brauchen. Wenn ich nun Menschen bezahlte, damit sie toll über mein Buch redeten, fühlte sich das für mich falsch an. Stattdessen wünsche ich mir, dass jeder Leser, den ich ins Herz treffe, diese Botschaft weiterträgt. Damit dieses Werk anfängt, eure Geschichten zu sammeln und sich mit Leben füllt. Dieser Wunsch fängt hier an und ist ein Funke meiner Seele für Dich.

Natürlich freue ich mich, wenn Du von dem Buch gehört hattest und es daher selbst kaufen wolltest. Das hilft das Projekt zu unterstützen und die Idee am Leben zu erhalten, aber in erster Linie, geht es mir um den Inhalt.

Ich drucke jetzt eine erste sehr kleine Auflage. Ich verteile sie als Geschenk an verschiedene Menschen, an öffentlich Bekannte, an Zufallsbekanntschaften, sowie vor Ort in meinem Wohnraum und überall dort, wo es mich hinführt.

Ich werde niemanden bitten, positiv darüber zu reden, wenn er es nicht fühlt. Jeder Leser soll in sein Herz blicken und dann selbst entscheiden.

Es ist mir wichtig, dass Du den Inhalt verstehst. Und wenn diese Ideen in Deinem Leben Resonanz finden und Du sie teilen magst, dann ist es schön, wenn Du ein Wind unter den Flügeln dieses Manifests sein willst. Aber es ist ebenso richtig, still für Dich einen Wandel zu leben oder es abzulehnen und zu entsorgen. Ich beanspruche nichts. Ich möchte nur meine Weltsicht teilen.

Wenn dadurch mehr Menschen zu sich selbst zurückfinden, hat meine Arbeit Früchte getragen und füllt mich mit innerer Ruhe.

Dieses Licht soll frei bleiben, getragen von Herzen, nicht von Zwang oder Gier oder Dogmen.

Lies es, fühle es, lebe es.

Mit tiefem Dank, an jeden Leser

Marcel

VORWORT

Dieses Manifest ist kein Evangelium, kein Gesetz, das Du befolgen musst. Es ist ein Flüstern, ein Funke, eine Hand, die sich Dir entgegenstreckt – nicht um Dich zu führen, sondern um Dich zu fragen: „Was siehst Du?"

Ich habe es nicht geschrieben, um Antworten zu geben, sondern um Dich in den Spiegel blicken zu lassen – den Spiegel von Licht und Schatten, der uns alle formt. Es ist meine Reise, geboren aus Tiefen und Höhen, aus Groll und Vergebung, aus der Erkenntnis, dass das Göttliche kein Bildnis braucht, sondern in uns lebt.

„Alle Religionen sind verirrt" mag hart klingen, doch es ist kein Angriff. Es ist ein Ruf, die Dämme zu brechen, die wir um den Fluss des Unsichtbaren gebaut haben – Tempel, Dogmen, Throne. „Was dann noch bleibt?" Eine Schöpfung, die wir selbst gestalten.

Ich bin kein Heiliger, kein Weiser – ich war ein Suchender, der stolperte; der zu Boden ging und wieder aufstand. Dieses Buch trägt meine Narben, meine Fragen, meine Hoffnungen. Es ist kein Werk der Vollkommenheit, sondern der Ehrlichkeit.

Wenn Du es liest, nimm Dir die Freiheit, zu zweifeln, zu widersprechen, zu fühlen. Es ist kein

Befehl, sondern ein Gespräch – zwischen Dir und mir, zwischen Deinem Licht und Deinem Schatten. Ich hoffe, es berührt Dich, nicht als Lehre, sondern als Echo Deiner eigenen Seele.

EINLEITUNG

Ein Tanz zwischen Licht und Schatten, ein Spiegel, der uns aufzeigt, wer wir gerade sind und wer wir sein können. Diese Idee ist kein neues Ritual, kein Ruf nach Regeln, sondern eine Einladung – an Dich, an mich, an uns alle.

Wir leben in einem Spiel der Götter, einer Dualität, die uns durchzieht wie der Atem Deine Lungen. Licht und Schatten sind Gegenspieler. Wir sind die Spielfiguren, die wählen dürfen, welchen Schritt wir gehen.

Hinter den Bildnissen – den Göttern, den heiligen Schriften, den Tempeln und Kirchen – liegt der Quell eines Flusses, den wir nie fassen werden. Er leuchtet in uns, flüstert durch unsere Taten und wartet darauf, dass wir ihn sehen.

Diese Seiten sind mein Versuch, diesen Fluss zu zeigen und ihn von den Dämmen zu befreien, die wir Menschen gebaut haben. Sie sind ein Funke, den ich Dir reiche, damit Du ihn weiterträgst.

I
DIE QUELLE DES NICHT-GREIFBAREN

Hinter unserem Selbst liegt eine Quelle, die wir nicht sehen können – ein Licht, das leuchtet, bevor wir es benennen. Es ist das Unerklärliche, kein Gott mit Gesicht, kein Name mit Macht, sondern eine Kraft, die durch alles fließt, ohne Anfang, ohne Ende. Wir stehen vor diesem Unfassbaren, staunen über seine Wärme, doch statt uns fallen zu lassen, greifen wir nach ihm. Wir malen es in Farben unserer Ängste und Wünsche, bauen Rahmen aus Worten und Stein, nennen es „Gott", „JHWH", „Allah" – und glauben, es gehört uns. Doch es braucht keine Form, keine Mauern, keine Throne. Glaube einfach – Glaube an Dein Gutes und vergiss nie, dass es auch Schlechtes in Dir gibt.

Religionen sind Spiegel unserer selbst. Das Christentum sieht einen Vater, der straft und liebt; der Hinduismus einen Atem, der die Welt haucht; der Buddhismus eine Leere, die alles füllt. Alles sind Versuche, das Unsichtbare sichtbar zu machen, doch jede verzerrt. Die Quelle bleibt gleich, ungebunden, ein Fluss, der sich nicht dämmen lassen möchte. Wir können ihn hören – im Rauschen der Bäume, im Pochen unseres Herzens und in den

Schmetterlingen im Bauch – wenn wir die Sorgen niederlegen. Doch wir klammern, weil wir die Ungewissheit fürchten, weil wir Kontrolle wollen über etwas, das wir nicht mit den Händen berühren können.

Und dennoch lebt Licht in uns. Es ist kein Geschenk von außen, kein Segen, den wir erbitten müssen. Es tanzt in unseren Taten, leuchtet in unseren Augen – Dank ohne Bedingung, Hilfe ohne Preis, Genügsamkeit ohne Verlust. Die Quelle fragt nicht nach Namen oder Gebeten – sie fragt: „Was tust Du jetzt?" Wenn wir alles loslassen – die Götter, die Regeln, die Tempel – finden wir sie wieder, still und klar. Das Göttliche ist kein Besitz, sondern das Sein – wenn wir den Mut haben, die Rahmen zu brechen, sind wir frei.

Auch ich komme nicht gänzlich ohne Worte aus, die wir als „Bildnis" interpretieren können, das liegt in der Natur der Sache, der Kommunikation. Aber fernab von allen Erklärungsversuchen, haben wir etwas in uns, das wir spüren können. Jeder, der diese Erkenntnis in sein Herz ließ, kann davon berichten. Eigentlich ist es nicht beschreibbar, doch oft ähnlich in seinen Erfahrungen. Ich nenne dieses Ungreifbare das Gewissen oder auch Bauchgefühl, Intuition. Unser Gewissen wird im Verlauf des Lebens überlagert von Kulturellem, Gesellschaftszwängen und äußeren Drücken, denen wir kaum standzuhalten glauben. Und doch spricht der Kern des Gewissens eine universelle Sprache. Es bedarf keiner großen Worte, man weiß bei manchem einfach, dass es sich unbewusst falsch anfühlt, darin leuchtet die Quelle, ungreifbar nah, ohne zu verstehen warum.

II
DER MENSCH ALS SPIEGEL
VON LICHT UND SCHATTEN

Wir sind Spiegel, mal glänzend, mal trüb, und was wir zeigen, liegt in unserer Hand. In uns tanzt das Göttliche, ein Funke, der leuchtet oder verdunkelt, je nachdem, wohin wir blicken. Licht und Schatten sind keine fremden Mächte, die über uns herrschen wollen – sie sind unsere Begleiter, unsere Wahlmöglichkeiten. Der Mensch ist kein Gefäß, das gefüllt wird, sondern ein Schöpfer, der formt. Jede Tat, jedes Wort ist ein Pinselstrich auf diesem Spiegel unseres Lebens. Die Farben, die wir wählen, zeigen, wer wir sind.

Wenn wir das Gute tun – ein Lächeln schenken, eine Last teilen, uns selbst beherrschen – glänzt der Spiegel hell und warm. Dann strahlst nicht nur Du selbst, sondern Du berührst andere, schenkst ihnen Glück.

Wenn wir den Schatten wählen – die Wut, die uns treibt, die Gier, die uns blind macht, die Lüge, die wir stehen lassen – wird der Spiegel trüb und kalt. Wir werden zum Schatten unserer selbst.

Wir sind dann oft zerfressen von Negativität und stecken andere damit an, ohne es zu merken. Es fällt kein Urteil, kein zorniger Gott bricht empor und richtet über uns. Aber unser Leben spiegelt unsere Entscheidungen. Das Göttliche in uns ist keine Belohnung – es ist eine Kraft, die wir entfachen oder ersticken, mit jedem Schritt, den wir setzen. Es ist unser Tanz, es ist unser Spiel – wir halten den Takt. Wir sind frei und das macht uns aus.

Der Schatten lockt mit Leichtigkeit, verspricht Macht, doch hinterlässt Leere. Das Licht fordert Mut, denn es zeigt uns nackt, ohne Masken. Doch in dieser Freiheit liegt unsere Stärke: Wir können wählen, immer wieder, in jedem Moment. Das Göttliche fragt nicht nach gestern, sondern nach jetzt.

Der Spiegel ist nicht starr – er bricht nicht, wenn wir fallen. Er wartet darauf, dass wir ihn polieren, dass wir den Staub des Schattens wegwischen und neue Wege wagen. Wir sind hier und was wir reflektieren, formt die Welt.

III
EINE ABSTRAKTE IDEE
DAS SPIEL DER GÖTTER

Das Spiel der Götter ist kein Schicksal – es ist unsere Bühne und wir tanzen. Licht und Schatten sind die Partner, die uns führen, doch die Schritte liegen bei uns. Es ist eine Kraft, nichts, das wir greifen können. Keine Regeln in Stein, keine Antwort auf Fragen, kein „noch 20 Rosenkränze beten, dann wird mir vergeben". Sie ist fühlbar, in jedem Moment, in jedem Atemzug. Dieses Spiel ist keine Strafe, die uns auferlegt wird, kein Würfel eines fernen Schöpfers. Es ist eine Gabe, die uns großartig macht: die Freiheit, zu wählen, wer wir sind, wie wir leuchten oder verdunkeln.

In Dir tanzt Licht, warm und still, aber auch Dunkelheit, laut und beklemmend. Sie strecken die Hände aus und Du bist frei, eine zu nehmen. Das Licht flüstert: „Komm, sei echt." Der Schatten ruft: „Nimm mich, hier ist alles leicht!" Keiner zwingt Dich, keiner kettet Dich.

Die Religionen, die wir bauten, die Wissenschaften, die wir schufen, das Leben selbst – sie sind nur Kulissen auf dieser Bühne.

Das wahre Spiel ist in Dir, in dem Moment, in dem Du entscheidest. Es ist abstrakt, es gibt kein

Drehbuch, nur eine Melodie, die Du mitsingen darfst, wenn Du wieder zuhörst.

Wir haben versucht, dieses Spiel zu erklären, es in Kisten zu packen. Die Christen sahen einen Plan, die Hindus einen Zyklus, die Buddhisten ein Loslassen. Doch jede Kiste ist ein Spiegel unserer Sehnsucht – nicht die Wahrheit selbst. Das Spiel der Götter fragt nicht nach Namen oder Dogmen. Es fragt: „Was tust Du?"

Wenn Du gibst, leuchtet das Licht und wenn Du nimmst, wächst der Schatten. Es ist kein Wettkampf mit einem Sieger, sondern ein Tanz, der sich wandelt – mal wild, mal sanft, doch immer lebendig. Wir sind keine Zuschauer, keine Marionetten – wir sind die Tänzer und die Bühne ist jetzt.

Manchmal stolpern wir, manchmal fallen wir. Der Schatten zieht uns mit süßer Leichtigkeit – ein böses Wort, ein gieriger Blick, eine Faust, die zuschlägt – aber das Spiel ist nicht verloren! Das Licht bleibt, es wartet, ruft leise: „Steh auf."

Die Welt da draußen – die Süchte, die Kriege, die Maschinen – sind nur ein Echo dieses göttlichen Zweiklangs. Das wahre Spiel ist in Deinem Herzen, in Deiner Hand, die sich öffnet oder schließt. Es ist nie zu spät, den Takt zu ändern, den Tanzpartner zu wechseln, das Licht zu umarmen.

IV
DER MENSCHLICHE MAKEL

Der Mensch ist ein Wunder und ein Rätsel zugleich – ein Wesen, das nach den Sternen greift und doch im Sand stolpert. Wir tragen das Göttliche in uns, diesen stillen Funken von Licht und Schatten, der durch jede Entscheidung blitzt. Aber wir sind auch gezeichnet von einem Makel, der so alt ist wie unsere Geschichte: der Drang, das Unerklärbare zu erklären, das Unsichtbare sichtbar zu machen, das Ewige in unsere kleinen Hände zu pressen.

Im Fluss der Zeit – ohne Anfang, ohne Ende – stehen wir am Ufer, staunen über seine Strömung, fühlen seine Kühle an unseren Füßen. Doch statt uns hineinfallen zu lassen, bauen wir Dämme. Wir graben Kanäle, geben ihm Namen und malen Bilder von seinem Ursprung.

Das ist der menschliche Makel, er ist kein Fluch. Er ist unsere Sehnsucht nach Kontrolle. Wir können nicht ertragen, dass etwas größer ist als wir, dass es jenseits unserer Worte fließt. Also binden wir es an Stein, an Papier, an Macht. Schau auf die Lehren der Welt, jede begann mit einem Funken. Doch statt das Funkeln zu bewahren, überhäuften wir es mit Holz, bis es zu ersticken begann. Wollten es brennen sehen, bis in den Himmel – „viel

Rauch um nichts" ist, was bleibt. Der Blick wird vernebelt.

Warum tun wir das? Es liegt in unserer Natur. Wir fürchten die Stille, weil sie uns nackt lässt. Wenn das Göttliche keine Form hat, keine Stimme, die uns sagt, was zu tun ist, müssen wir selbst entscheiden – und das ist unsere wahre Stärke. Doch wir können nicht anders. Unsere Priester werden zu Heiligen, unsere Schriften zu Gesetzen, unsere Tempel zu Schlössern falscher Könige. Wir malen Götter mit Gesichtern, geben ihnen Throne, lassen sie zürnen oder segnen – alles, um die Leere zu füllen, die wir nicht ertragen.

Ist es nicht widersinnig, dass ein Mann, auf einem goldenen Thron sitzend, von goldenen Tellern schmausend, vom Mitgefühl für die Armen spricht? Ich möchte diese Religion und ihren „Anführer", den Papst, weder verurteilen noch beleidigen. Aber für mich wirkt das einfach befremdlich – ein Bildnis, das so weit vom Kern entfernt ist, dass es eher den Schatten als ein Licht zu zeigen scheint. Der Makel ist unsere Angst vor dem Unbekannten, unsere Gier nach Gewissheit, unser Stolz, der sagt: „Ich verstehe es. Ich habe recht!"

Und doch geht es tiefer. Der Makel zeigt sich nicht nur in Religionen, sondern in allem, was wir berühren. Nimm die Wissenschaft – ein Werkzeug der Erkenntnis. Aber wir haben sie in Schatten getaucht: Waffen und Maschinen, die die Erde zerreißen, eine Welt aus Beton, die das Lebendige erstickt. Wir graben Dinosaurier aus, nicht um zu lernen, wir wollen beweisen, dass wir die Vergangenheit besitzen können. Unsere Städte, unsere Reiche, unsere Kriege – sie alle tragen diesen

Makel, diesen Drang, das Göttliche zu formen, statt es fließen zu lassen. Wir bauen Türme bis zum Himmel und wundern uns, wenn sie einstürzen.

Aber hier liegt die Wende: Der Makel ist kein Urteil, sondern eine Einladung. Wir haben die Freiheit, den Schatten zu wählen und die Kraft, ihn zu überwinden.

Jede Religion, jedes System, das wir verdunkelt haben, begann mit einem Lichtstrahl – Liebe, Einheit, Mitgefühl – und dieser Strahl lebt noch. Der menschliche Makel ist nicht das Ende, sondern der Anfang dieses Tanzes. Wenn wir erkennen, dass unsere Bildnisse nur Spiegel sind, können wir sie loslassen. Wir können den Fluss wieder fließen lassen, ohne ihn zu dämmen.

Stell Dir einen Moment vor: Du stehst vor einem Streit. Ein Teil von Dir will schreien, siegen, zerstören. Das Pendel in Dir flüstert: „Dem zeig ich's!" Doch wenn Du innehältst, schwingt es zurück und Du fühlst: „Hör zu, verstehe, lass los." Du wählst das Licht – nicht weil ein Gott es befiehlt, sondern weil Du tief in Dir weißt, dass die Gewaltspirale des Streits irgendwann befriedet werden muss.

Das ist der Sieg über den Makel: nicht Perfektion, sondern Entscheidung. Oder denk an einen Tempel, eine Kirche, eine Moschee – voll Glanz, voller Regeln. Der Makel hat sie gebaut, doch wenn Du die Mauern ignorierst und das Gute darin suchst – ein Lächeln, eine helfende Hand, ein geborgenes Gefühl – findest Du den Kern, den wir verschleierten.

Der Makel ist menschlich, das macht ihn aus. Ohne ihn wären wir keine Suchenden, keine Tänzer im Spiel der Dualität, keine Waage im Zweiklang aus Gut und Böse. Er gibt uns die Möglichkeit, zu straucheln und wieder aufzustehen. Die Religionen sind fehlerhaft, weil wir sie gemacht haben – aber ihre Fehler zeigen uns den Weg.

Wenn wir die Bildnisse ablegen, die Dogmen, die Throne, bleibt das Göttliche übrig: eine Kraft, die in uns lebt, die durch uns wirkt, wenn wir achtsam wählen. Der Makel ist kein Fluch, sondern gehört zum Spiel – er zeigt uns, wer wir sind und bittet uns, um Aufrichtigkeit vor uns selbst.

Wir haben das Göttliche verdunkelt, weil wir Menschen sind – ängstlich, gierig, stolz. Aber wir können es auch befreien, weil wir Menschen sind – fähig zur Nächstenliebe, zur Achtsamkeit, zur Genügsamkeit. Der Fluss fließt weiter, trotz unserer Dämme. Wenn wir die Hände öffnen, wenn wir loslassen, spüren wir ihn wieder – frei und lebendig.

Der menschliche Makel ist unsere größte Schwäche und führt uns zu unserer größten Stärke. Er hat uns getrennt, doch er kann uns verbinden. Wähle das Licht, nicht weil Du musst, sondern weil Du kannst. Werde ein Leuchten, das die Welt erhellt. Licht und Schatten stupsen uns, Zeit unseres Lebens, hin und her, sie sind stets versucht, uns auf ihre Seite zu ziehen. Das was ich Makel nenne, ist einfach da. Es hält die Waage.

V
SIEBEN RELIGIONEN
UND WAS SIE VERBINDET

Die sieben Religionen dieses Kapitels folgen nicht meiner Vorliebe oder einem Urteil über ihren Wert – sie reihen sich nach dem Fluss der Zeit, wie sie in die Welt traten. Von den ältesten, zu den jüngsten Spuren im Sand der Geschichte. Schau sie an, wie sie kamen und staune, was sie zeichneten.

Der Hinduismus ist ein Atem, der alles durchzieht – Brahman, die unendliche Seele, fließt durch Götter, Menschen, Welten. Es ist ein Ruf zur Einheit, der keine Grenzen kennt. Es ist ein Tanz der Farben, ein Lied der Schöpfung, das in tausend Stimmen erklingt. Doch der Makel erstickte diesen Atem: Götterbilder wurden Besitz, Rituale wurden Handel mit dem Göttlichen. Tempel glänzten in Gold, während Arme hungerten; der Schatten machte aus Freiheit Fesseln, aus Unendlichkeit Käfige. Die Vielheit wurde zur Last, nicht zur Gabe. Dennoch tanzt das Licht – in der Stille des Yoga, die den Geist befreit, im Lied der Schriften, das nach Ewigkeit ruft. Es lebt, wenn wir die Formen loslassen, die Menschenhand schuf und den Atem wieder spüren, der uns das Leben einhaucht.

Das Judentum, ein Bund, geschmiedet in der Wüste – Abraham hörte eine Stimme, die Gerechtigkeit und Einheit versprach, ein Licht, das durch die Zeiten leuchtet. „Höre, Israel, der Herr ist unser Gott, der Herr ist einzig" ist sein Kern, ein Ruf zur Liebe für den Einen, der uns hält. Es war ein Tanz der Treue, ein Versprechen, das die Wunden des Exils heilen sollte. Doch der Makel wob Regeln wie ein dichtes Tuch: 613 Gebote wurden Bürde statt Gabe, Exil nährte Bitterkeit, Streit zerriss die Gemeinschaft. Der Schatten machte aus Vertrauen Gesetz, aus Freiheit Zwang – Tempel fielen, doch Priester klammerten an Macht statt Hoffnung. Dennoch lebt der Funke – im Sabbat, der ruht wie ein Atemzug, in der Tora, die singt, wenn wir lauschen. Das Licht strahlt, wenn wir die Ketten der Regeln brechen und den Bund wieder fühlen.

Der Buddhismus begann mit einem Mann unter einem Baum – Siddhartha fand die Stille, das Ende des Leidens im Loslassen, ein Pfad ohne Götterbilder. Sein Licht war klar wie ein Tropfen Wasser: Barmherzigkeit, Achtsamkeit, ein Weg, der das Selbst auflöst, um die Welt zu heilen. Es war eine Einladung, die Ketten des Begehrens zu brechen.

Doch der Makel kam schleichend: Klöster wurden reich an Gold, Statuen wuchsen in den Himmel, Hierarchien verdunkelten die Einfachheit des Anfangs. Der Schatten machte aus Freiheit Dogmen, aus Leere Pracht. In Sri Lanka rechtfertigten Mönche Kriege gegen fremde Gemeinschaften und säten Hass statt Frieden; in Japan stützten Zen-Meister die Soldaten des Krieges, ihre Stille wurde zur Waffe statt zum Mitgefühl. Dennoch bleibt der

Funke – in jedem Atemzug, der still wird, in jeder Hand, die gibt, ohne zu nehmen. Das Licht leuchtet, wenn wir die Last der Formen ablegen und die Stille wiederfinden, die Siddhartha einst hörte.

Das Christentum begann als Flüstern der Liebe – Jesus, ein Mann ohne Krone, sprach von Vergebung, von einem Königreich, das im Herzen lebt. Sein Licht war einfach, klar wie ein Morgen: „Liebe Deinen Nächsten wie Dich selbst."
Es war ein Ruf, der Mauern einreißen sollte, ein Funke, der Wärme versprach. Doch der menschliche Makel wob ein dichtes Netz darum – Kreuzzüge tränkten die Erde mit Blut, die Inquisition strafte Zweifel mit Feuer, ein Gott wurde zum Richter, der mehr droht als tröstet. Dogmen wuchsen wie Dornenhecken, die Kirche erhob sich zur Macht, nicht zum Mitgefühl. Der Schatten verdunkelte den Kern: Aus Liebe wurde Pflicht, aus Freiheit Gehorsam, aus einem offenen Weg ein enger Pfad voller Regeln. Und doch glimmt der Funke noch – in kleinen Taten, die keine Kathedralen brauchen, in Händen, die ohne Lohn helfen. Das Göttliche lebt in uns, jenseits der Throne und Kreuze, jenseits der Mauern, die wir schufen.

Der Islam erhob sich aus der Wüste wie ein Windstoß – Mohammeds Ruf zur Einheit, zu Allah, dem Einen, war ein Licht, das die zerstreuten Stämme verband. „Barmherzig und gnädig" beginnt jede Sure, ein Versprechen von Güte, das durch die Zeilen singt. Es war ein Tanz des Herzens, ein Weg, der Hingabe feierte. Doch der Makel schlug seine Krallen hinein: Scharia wurde Zwang statt Führung, Dschihad wurde Krieg statt innerer Kampf, Kalifen kämpften um Throne statt um Herzen. Der Schatten machte aus Hingabe Herrschaft, aus Demut Stolz, aus einem offenen Himmel ein Dach aus Gesetzen. Frauen verschwanden hinter Schleiern, während Freiheit zum Luxus weniger wurde.

Dennoch leuchtet der Kern – in der Stille des Gebets, das fünfmal täglich ruft, im Teilen des Fastens, das verbindet. Das Licht fließt weiter, wenn wir die Ketten sprengen, die Menschen an dieses Geschenk banden und die Barmherzigkeit wieder hören.

Der Sikhismus erstand aus einem Ruf nach Gleichheit – Guru Nanak sah keinen Herrn über sich, nur Brüder und Schwestern, ein Licht, das Kasten und Throne wegwischte.

„Ek Onkar" – ein Schöpfer für alle – ist sein Herz, ein Lied der Gemeinschaft, das frei von Hierarchie erklingt. Es war ein Weg der Demut, ein Tanz, der alle einlud. Doch Rituale wurden Pflicht statt Freude, Schwert und Turban wurden Stolz statt Schutz, Kämpfe verdunkelten die Liebe. Der Schatten machte aus Demut Symbolik, aus Einheit Trennung – Macht wog schwerer als Mitgefühl. Dennoch leuchtet das Licht – in der Langar, wo alle essen, im Dienst, der gibt, ohne zu fragen. Es lebt, wenn wir die Formen fallen lassen und die Einheit wieder spüren, die Nanak sang.

Der Bahaismus ist jung, ein Ruf aus dem Sturm – Bahāʾullāh sprach von Einheit aller Völker, ein Licht der Harmonie, das Grenzen sprengen sollte. „Die Erde ist ein Land, und alle Menschen sind seine Bürger" ist sein Versprechen, ein Tanz, der Hass in Liebe wandelt. Es war eine Vision ohne Zwang, ein Atemzug der Hoffnung. Doch der Makel kam: Institutionen wuchsen wie Mauern, Streit spaltete die Gemeinschaft, Regeln überlagerten die Freiheit des Anfangs. Der Schatten machte aus Vision Bürokratie, aus Liebe Struktur – das Unsichtbare wurde wieder greifbar.

Dennoch glimmt der Funke – in der Hoffnung auf Frieden, im Blick, der über Grenzen reicht. Das Licht ruft, wenn wir die Mauern niederreißen und die Harmonie leben, die Bahāʾullāh sah.

Sieben Wege, sieben Spiegel – und doch tanzen sie denselben Tanz. Jede Religion begann mit einem Licht, das uns rief: Liebe im Christentum, Einheit im Islam, Unendlichkeit im Hinduismus, Stille im Buddhismus, Gerechtigkeit im Judentum, Gleichheit im Sikhismus, Harmonie im Bahaismus.

Diese Funken sind keine Zufälle, keine getrennten Sterne am Himmel – sie sind das Göttliche, das durch uns alle fließt, ein Fluss, der keine Namen braucht, kein Bildnis, das ihn fasst. Der menschliche Makel vernebelte sie alle – mit Dogmen, die uns binden, mit Macht, die uns trennt, mit Kriegen, die uns zerreißen.

Doch der Kern bleibt, ein Flüstern, das uns verbindet, ein Leuchten, das nie vergeht, eine Kraft, die uns tröstet, wenn wir uns ihr hingeben.

Schau genau hin, die Schnittmengen werden klar. Jede dieser sieben Stimmen spricht von einem Unsichtbaren – sei es Gott, Brahman, Nirvana oder der Eine ohne Form. Sie rufen zur Liebe, nicht als

Wort, sondern als Tat: dem Nächsten helfen, die Stille suchen, das Gute wählen. Doch sie vergessen den Schatten – die Angst, die Gier, den Hass – und ihn loszulassen – nicht aus Zwang, sondern aus Freiheit. Der Makel liegt nicht in ihrem Kern, sondern in uns, in unserem Drang, den „richtigen" Göttern zu folgen, sie in Tempel zu pressen und in Regeln zu gießen. Götter mit Gesichtern, Throne aus Gold; doch das Licht lebt jenseits davon – in Dir, in mir – in jedem Atemzug, der wählt.

Dieses Manifest sagt nicht: „Glaub nichts." Es sagt: „Sieh hin, wo Licht sein will, muss auch Schatten sein."

Die sieben Wege sind fehlerhaft, weil Menschen sie formten – ihre Priester, ihre Kriege, ihre Dogmen sind Schatten unserer Hände.

Doch ihre Schnittmengen sind Brücken – eine Chance, die die Welt heller macht, wenn Du sie zu nutzen wagst. Sie alle flüstern: „Du bist genug." Sie alle bitten: „Komm heim." Ob Du nun kniest, meditierst oder singst, der Fluss bleibt derselbe – wild, still, unendlich. Der Makel trennte uns, aber die Schnittmengen verbinden uns wieder. Wähle das Licht, nicht weil ein Buch es sagt, sondern weil Dein Herz es hört – tanze, wie sie alle es einst wollten – frei und echt.

VI
EINE WARNUNG
DIE MACHT
DER DUNKELHEIT

„Wo immer Du Licht findest, wartet auch ein Schatten." Das müssen wir akzeptieren, so funktioniert die Welt. Wie Du es nennst – Natur der Sache, göttlicher Zweiklang oder Medaille mit zwei Seiten – ist völlig unwichtig. Der Schatten ruft mit süßen Lügen, doch sein Preis ist ein leeres Herz. Er ist kein Feind, den wir besiegen können, sondern eine Kraft, die wir kennen sollten – mächtig, weil sie leicht ist. Wut brennt schneller als Güte, Rache befriedigt schneller als Vergebung, Angst kettet uns fester als Mut.

Diese Warnung ist kein Drohen, kein Fingerzeig aus dem Himmel, sondern ein Weckruf: Sieh den Schatten, spüre seine Macht, aber bleib nicht stehen und gib der Angst keinen Raum.

Er kann Dich ziehen, doch niemals halten, wenn Du Dich abwendest. Die Dunkelheit will Dich verlocken. Sie verspricht Freiheit ohne Last, Macht ohne Preis, Vergessen ohne Schmerz. Doch hinter der Süße lauert Leere. Der Schatten gibt nichts, er nimmt – Dein Licht, Deine Wärme, Deine Verbindung mit anderen.

Er ist ein Tanzpartner, der Dich wirbelt, bis Du fällst, Dich dann allein lässt und kichert. Wir alle kennen das Gefühl, wie ausgelaugt und kraftlos wir oft sind, nachdem wir uns von Groll zerfressen ließen oder die schnelle Erlösung in übertriebenem Rausch suchten.

Falls Du Dich ertappt siehst, urteile nicht über Dich – erinnere Dich stattdessen: Der Schatten ist Teil von uns, doch lebt auch Licht in Dir.

Wenn Du *das* erkennst – in Dir, in anderen, in der Welt – kannst Du wählen. Bleib nicht stehen, wo die Dunkelheit Dich ruft. Geh weiter, auch wenn es anfangs schwer erscheint, auch wenn das Licht noch leise ruft. Die dunkle Macht schwindet, wo Dein erster Schritt beginnt – ein Schritt zum Guten, ein Schritt zu Dir selbst.

VII
LICHT UND SCHATTEN
IM SPIEL DER ZEIT

„Du redest von Licht und Schatten, von einem göttlichen Spiel in unseren Köpfen – aber wie passt das zur Wissenschaft? Dinosaurier stampften Millionen Jahre über die Erde, lange bevor Menschen von Göttern flüsterten. Fossilien und Physik ist Deine Philosophie egal – wie erklärst Du das?", fragt der Skeptiker, lehnt sich zurück, die Augenbraue hochgezogen. Er folgt seinem Kopf, seiner Logik. Doch ich lächle warm zurück – nicht aus Arroganz, sondern aus Freude. Lass uns spielen, lieber Freund!

Ich stelle ihm eine Gegenfrage: „Hast Du Dich je an einen Traum erinnert?" Ist Dir aufgefallen, dass ein Traum nicht am Anfang der Zeit beginnt, sondern mittendrin? Du wachst nicht auf und siehst, wie die Welt entsteht – nein, sie ist einfach da, vollständig. Mit Städten, mit Wäldern, mit Menschen, manchmal mit Regeln, die der Physik spotten. Ein Fluss fließt rückwärts, Du fliegst ohne Flügel und doch fühlst Du Dich nicht fremd.

Das alles erschafft Deine Seele, während Du schläfst, in einem Augenblick, der kürzer ist als ein Wimpernschlag. Kennst Du das? Spürst Du das

Kribbeln im Bauch, das sagt: „Ja, das kenne ich"? Du, als Leser, kannst mir nicht antworten, aber es reicht mir, wenn Du jetzt aufrichtig vor Dir selbst bist.

Bleib jetzt bei mir und komm näher an meine Idee. Wenn es eine Schöpfer-Dualität *gäbe* – Licht und Schatten, die um unseren Geist rängen – wäre ein *absoluter* Beweis für egal was, unfair für die Gegenseite, oder?

Stell Dir vor, das Licht würde mit Blitz und Donner vom Himmel schreien: „Hier bin ich!" Der Hass hätte keine Chance. Oder umgekehrt: Die Finsternis ertränkt uns in Leid, ohne ein Fünkchen Licht, das uns zur Hilfe kommt. Nein, das Spiel wäre vorbei, bevor das erste Sandkorn fällt. Es muss etwas geben, das wir nicht greifen können, etwas, das unseren Glauben auf die Probe stellt – einen Schleier, der uns zwingt, diese Wahl zu treffen.

Natürlich kann ich so nicht beweisen, *was* da in uns wirkt. Nenne es natürliche Ordnung, nenne es Instinkt, nenne es wie Du willst, aber erkenne diese Realität in Dir – frei von Dogmen.

Die Dinosaurier, die Wissenschaft, die Milliarden Jahre Erde – sie sind kein Widerspruch zu meiner Sicht, sondern ein Teil des Ganzen.

Lass uns das ausspielen. Die Wissenschaft zeigt uns eine Welt aus Fossilien und Sternenstaub. Tyrannosaurus Rex brüllte vor rund 70 Millionen Jahren, lange bevor die ersten Mythen erzählt wurden. Raketenforschung, Geologie, Evolution – das sind Fakten, die kein Dogma wegwischen kann. Ein Skeptiker sagt: „Siehst Du? Dein göttliches Spiel ist nur Fantasie!" Aber ich sage: Warte. Was, wenn diese Fakten nicht die Lichtseite Deiner Seele widerlegen, sondern den Schatten offenbaren? Angenommen, die Betonierung der Welt – Industrialisierung, Technik, unser Drang, alles zu messen – ist ein Ausdruck der vielen Schattenwege, denen die Menschheit kollektiv gefolgt ist. Jede Fabrik, jeder Asphaltstreifen, jede Maschine, die die Erde ausbeutet, könnte ein Schritt sein, den wir dem Dunkel gewidmet haben, weil wir das Weltliche über das Spirituelle stellten.

Jetzt dreh den Gedanken um. Wären wir auf dem technischen Stand von vor 2000 Jahren geblieben – keine Mikroskopie, keine Bagger, keine Teleskope. Wir hätten die Dinosaurier nie gefunden. Keine Knochen, keine Spuren, nur Mythen von Drachen, die wir uns erzählten.

Die Menschheit hätte vielleicht das Spirituelle höher gehalten – das Göttliche in uns, die leise Stimme, die uns ruft. Aber wir entschieden uns oft anders. Wir glaubten an das Sichtbare – an Steine, an Knochen, an Macht – statt an das Unsichtbare, das in uns lebt. Letztlich graben wir die Erde um und finden Dinge, die meine Idee widerlegen wollen. Irdische Regeln und Physik erzählen eine fleischliche, weltliche Geschichte. Aber kein lebender Mensch hat diese gefundene Vergangenheit mit eigener Seele erlebt. Also ist es streng genommen ein weiterer Glaube – ein leicht glaubhafter sogar, „weil da sind ja komische Steine im Boden, die die Dinosaurier waren. Ich kann das sogar anfassen und guck mal, das kann ich messen". Wir glauben in felsenfester Überzeugung an das Weltliche.

Stimmte meine Idee der Welt, so könnte es sein, dass der Glaube an das innere Gespür – „irgendwie fühlt sich das falsch an" – ein Weg aus Licht ist und das Greifbare – „wenn ich hoch genug fliege, schaff' ich es zur Sonne!" – ein Weg aus Schatten.

Und wie wunderbar belegt der Hammer diese These? Verschönerst Du die Welt, indem Du ein herzerwärmendes Bild aufhängst, oder zertrümmerst Du jemandes Kopf? Du hast die Wahl!

Freude und Hass sind in allen Dingen, in allem, was existiert. Die Wissenschaft selbst ist kein Feind, sondern ein Spiegel: Sie zeigt, was wir gewählt haben. Dinosaurier sind kein Beweis gegen das Göttliche – sie sind eventuell ein Beleg dafür, wie weit wir uns manchmal vom Licht entfernen.

Was, wenn beides – Wissenschaft und Spiritualität – kein Widerspruch ist, sondern zwei Seiten des Spiels? Der Traum, von dem ich sprach, ist ein Schlüssel. In Deinen Träumen erschaffst Du Welten, ohne sie zu planen – sie sind einfach da, mit eigener Logik, eigener Zeit. Vielleicht ist unsere Welt so ein Traum des Universums – Licht und Schatten, eine zeitlose Dualität. Gemeinsam weben sie, ohne Anfang, ohne Ende.

Die Dinosaurier lebten in diesem Traum, genauso wie wir und die Wissenschaft ist nur die Sprache, mit der wir ihn lesen. Sie sagt: „Vor 65 Millionen Jahren schlug ein Meteor ein, löschte 75 % des Lebens aus." Die Hoffnung sagt: „Und doch blühte neues Leben, das Dich hervorbrachte." Die Kontrollsucht sagt: „Grabe tiefer, finde mehr, beherrsche es." Beides treibt uns an – das Staunen des Lichts, die Gier des Schattens.

Der Nächste könnte einwenden: „Das erklärt nichts! Woher kommt die Erde dann?" Hier höre ich auf zu streiten und lasse los mit den Worten:

„Es liegt in Dir, ersticke es nicht, wenn Du es zu fühlen beginnst. Hab' einen schönen Tag."

Das Göttliche in meiner Sicht ist keine Schöpfungsgeschichte – es ist eine Kraft, die jetzt wirkt, in jedem Moment, in jedem Atemzug.

Die Milliarden Jahre sind kein Problem, sondern ein Raum, in dem das Spiel sich entfaltet. Die Erde als riesiges Gemälde und die Dinosaurier als Farbspritzer der Zeit – manche leuchtend, manche dunkel. Die Wissenschaft misst die Farben, zählt die Pinselstriche. Doch das Göttliche ist der Drang, dieses Kunstwerk zu erschaffen. Es fragt nicht: „Wer hielt den Pinsel?", „Welcher Stil soll das sein?" Es flüstert: „Was malst Du jetzt?"

Wir können jetzt Ideen austauschen, weshalb meine Sicht fehlerhaft ist oder bestärkt wird. Ein Teilnehmer der Debatte könnte sagen: „Die Evolution braucht keinen Gott!" Ich antworte: „Sie beruht auf der Annahme, man könne *heute* mit Gewissheit sagen, was *vor Milliarden Jahren* auf der Welt los war – sie zeigt eine Kraft, die wir nicht greifen können."

Ein anderer könnte rufen: „Die Bibel sagt, die Erde ist jung!" Ich sage: „Das sind Worte von Menschen." Nichts davon befreit uns davon, einen Glauben zu haben – an die Wissenschaft, an das Göttliche, an beides.

Der Punkt ist: Das Spiel der Götter lässt uns wählen. Die Knochen im Boden sind echt, aber sie sind tot – sie leben nur, weil wir sie mit Bedeutung füllen. Ist das nicht wundervoll?

Wenn wir die Betonwerdung der Welt als Schattenweg sehen, dann ist jede Entdeckung – von Dinosauriern bis zu Sternen – ein Schritt, der uns vom Spirituellen wegführen will.

Aber wie der Hammer in Deiner Hand beides vollbringt – er kann ein Zuhause bauen oder ein Leben zerstören – so erzählen die Dinosaurier vom Abgrund, der sie begrub und vom Sonnenaufgang, der uns ermöglichte.

Der Moment, in dem wir erkennen, dass Wissenschaft und Spiritualität die Dualität untermauern, ist der Moment, in dem das Göttliche in uns singt. Es flüstert: „Du bist kein Zufall. Du bist der Spieler." Das ist das, was ich Licht nenne, das lauter wird, weil Du es hörst – ein Funke, der wärmt, ohne zu brennen.

VIII
DER STILLE ZWISCHENTON

Die Stille ist kein leerer Raum, kein Abgrund, den wir fürchten müssen. Sie ist der Atem zwischen den Tönen, der Moment, in dem das Herz flüstert, während der Kopf schreit. Wir leben in einer Welt voller Lärm – Stimmen, die fordern, Maschinen, die brüllen, Gedanken, die rasen.

Der Schatten liebt diesen Tumult, denn er übertönt das Leise, das uns ruft. Doch wenn wir innehalten, wenn wir die Stille suchen, finden wir etwas Größeres – den Fluss der inneren Ruhe, der ohne Worte fließt. Es ist nie zu spät, diesen Raum zu betreten, denn die Stille wartet immer, geduldig wie ein Freund.

Hast Du schon einmal die Welt angehalten? Nicht mit Macht, nicht mit Willen, sondern einfach, indem Du still wurdest und tief einatmetest? Etwa indem Du nicht sprachst, nicht dachtest, nur hörtest? Hast Du das ohrenbetäubende Getöse des Berufsalltags in ein leises Rauschen verwandelt? Oder hast Du, vielleicht an einem einsamen Morgen, das Singen der ersten Vögel vernommen? In diesen Augenblicken schwindet der Frust – die Angst, die Dich treibt, die Gier, die Dich füllt, der Stolz, der Dich erhebt.

Was bleibt, ist ein Kribbeln, eine Wärme, ein Gefühl, das sagt: „Hier bin ich." Das ist die Stille zwischen den Tönen, der Ort, an dem das Licht lebt.

Seit ich mein Leben nach dieser Denkweise gerichtet habe, kann ich diese innere Ruhe jederzeit hervorholen – keine Nervosität vor wichtigen Ereignissen, kein gestresstes Abhetzen im Alltag, keine sinnlosen Sorgen – nur Frieden.

Wir haben das Göttliche mit Lärm überdeckt. Unsere Religionen sind voll davon – Glocken, Gebete, Gesänge, die den Himmel füllen wollen.

Unsere Wissenschaft dröhnt mit Maschinen, die die Erde aufbrechen, mit Theorien, die alles erklären sollen.

Unsere Tage sind laut – ein endloses Rennen, ein Chor aus „mehr" und „schneller". Der Schatten nährt sich davon, macht uns taub für den Lebensstrom, der unter all dem rauscht. Die Ruhe ist kein Feind, sie ist kein Verlust, kein Schweigen aus Leere. Sie ist ein Raum, in dem wir das Spiel der Götter hören – nicht als Worte, sondern als Melodie, die uns trägt.

In einer Zeit, als mein Leben ein Sturm war – Tiefen, die mich zogen, Höhen, die mich blendeten – stolperte ich über meine eigenen Fehler. Nichts schien mir aufzuhelfen, mein Herz war erfroren. Es half kein Tempel, kein Ritual, kein Arzt. Der Lärm in mir verfolgte mich – die Stimmen, die mich verdammten, die Pläne, die mich hetzten, die Sorgen, die mich plagten.

Als ich gerade anfangen wollte, mich aufzugeben, passierte etwas. Ein Gefühl, das nicht aus Gedanken entsprang, erwachte tief in meiner Seele.

Es fragte nicht nach meinen Fehlern, nicht nach meinem Wert. Es war einfach da. Ich war genug.

Die Stille zeigte mir, dass das Göttliche keinen Lärm braucht – es lebt in dem, was wir überhören.

Sieh es als Einladung. Du musst keine Berge erklimmen, keine Worte finden. Setz Dich, schließe die Augen, lass den Tumult ziehen. Der Schatten wird toben – er hasst die Stille, weil sie ihn entlarvt. Aber wenn Du bleibst, wenn Du lauschst, hörst Du die Töne dazwischen: Dein Herz, das schlägt, Dein Atem, der fließt, Deine Welt, die lebt.

Das Licht spricht dort, wo Worte enden – nicht als Befehl, sondern als Umarmung. Die Stille ist kein Ziel, sondern ein Weg – ein Schritt, der Dich näherbringt, ohne dass Du rennen musst.

Die Mauern des Makels – die Streitigkeiten, die Distanz, die Sorgen – schmelzen und das Licht leuchtet mit Dir. Die Stille zwischen den Tönen ist kein Rückzug, sondern eine Brücke. Sie zeigt, dass das Göttliche nicht in großen Gesten wohnt, sondern in dem, was wir übersehen: einem Blick, einem Atem, einem Moment, der leicht ist. Es ist nie zu spät, diesen Raum zu finden – er liegt immer da, zwischen dem Lärm. Er wartet darauf, dass Du ihn erhörst.

IX
DAS LICHT DER WELT
ES FUNKELT IN DEN AUGEN

Das Göttliche lebt nicht nur in Dir – es tanzt in den Augen anderer, selbst in denen, die Du kaum kennst, selbst in denen, die Dich verletzen. Wir gehen durch die Welt und sehen Groll – Gesichter, die sich abwenden, Hände, die schlagen, Worte, die schneiden. Der Makel lässt uns glauben, dass wir getrennt sind, dass Güte ein einsames Geschenk ist. Aber schau genauer hin. In jedem Blick, in jedem Atemzug eines anderen, leuchtet ein Funke – derselbe, der in Dir brennt. Das Spiel der Götter verbindet uns und wenn wir das Gute in anderen sehen, finden wir es auch in uns.

Du kennst es doch auch: Wenn Du das Lachen eines Kindes siehst, das in seliger Naivität, über etwas Belangloses, minutenlang Freude empfindet. Das löst etwas in Dir aus, meistens steckt es Dich an und Du fühlst Dich wohl. Dieses universelle Prinzip verschwindet nie. Es wird überlagert – von Kultur, von Gesellschaft, von Scham. Aber wenn Du wieder lernst, dieses Funkeln in den Augen der Welt zu erkennen, wirst Du mich verstehen. Sieh wieder hin – nicht nur auf das Gesicht, nicht nur auf die Maske, wirklich hinein. Vielleicht findest

Du nicht sofort etwas, aber ich bin sicher, wenn Du lernst, hinzusehen, kannst Du es spüren.

Die Welt ist gespickt mit schönen Augenblicken. Das besagte Kind, das Dich anlächelt, ohne Dich zu kennen. Ein Fremder, der Dir die Tür hält, ohne Dank zu erwarten. Feinde, die zu Freunden werden. Es ist das Göttliche, das durch sie hindurchscheint, so wie durch Dich.

Der Schatten mag es verhüllen – mit Wut, mit Schmerz, mit Kälte – aber er kann es nicht löschen. Selbst in den dunkelsten Augen, selbst in denen, die Dich verstoßen, glimmt dieser Funke von Zeit zu Zeit auf. Auch das habe ich gelernt, als ich es am wenigsten erwartete, wie wir im nächsten Kapitel noch sehen werden. Das Göttliche trennt nicht – wir tun es.

Wir wählen das Getrenntsein, indem wir uns dagegen entscheiden, die Einfachheit der Güte in uns aufzunehmen. Der Makel macht uns blind dafür; er baut Wände aus „ich" und „Du", aus „mein" und „Dein". Aber das Gute kennt keine Wände. Es leuchtet in jedem und wenn Du es suchst, wirst Du es finden – nicht als Pflicht, sondern als Geschenk. Es ist der Moment, in dem Du verstehst: Wir tanzen denselben Tanz, auch wenn die Schritte anders sind.

Reiche eine Hand, wo Du einst zurücktratst. Höre zu, wo Du einst sprachst. Es braucht keine großen Taten – ein Blick, ein Nicken, ein Moment der Stille reicht. Wenn Du das Licht in anderen entfachst, wird Deines lauter. Das ist das Geheimnis des Weitergebens, von dem dieses Buch spricht: Es beginnt nicht mit Worten, sondern mit Augen, die sehen.

Ab jetzt kannst Du anders sein – nicht mit Urteil, sondern mit Hingabe. Das Göttliche verbindet uns, durch die Nähe, durch die Stille, durch das Sein. Sieh es, und Du wirst es fühlen: Der Tanz ist größer als Du, größer als ich und doch tanzen wir ihn zusammen. Das Licht in ihren Augen ist auch Dein Licht – ein Spiegel, der leuchtet, wenn Du ihn erkennst.

X
VERGEBUNG IST EIN ZÜNDFUNKE ENTFESSELE DEIN WAHRES SELBST

Vergebung ist kein schwaches Nachgeben, kein Verleugnen des Schmerzes – sie ist ein Zündfunke, der Dein Leuchten entfacht, heller, als der Hass düsterer Tage es je verdunkeln könnte.

Wir tragen Wunden, die andere uns schlagen – Worte, die wie Dornen stechen, Taten, die uns brechen. Die Schattenseiten der Seele profitieren davon, lassen Groll wachsen, bis er alles andere verschlingt.

Doch wenn wir vergeben, aus einem plötzlichen, klaren „Ja" des Herzens, befreien wir nicht den anderen, sondern uns selbst!

Es ist ein Schritt im Spiel der Götter, ein Tanz, der das Licht lauter macht, selbst dort, wo die Dunkelheit am dichtesten war.

Ich kenne diesen Weg. Jahre meines Lebens waren gezeichnet von Leid – ein Chor aus Spott, aus Ausschluss, aus kleinen und großen Grausamkeiten, die mich kleiner machten, als ich war. Später kamen andere schlimme Erfahrungen – Momente, die mich lehrten, dass die Welt kalt, sogar brutal sein kann. Irgendwann erzürnte mein ganzes Ich; nur noch Groll wuchs in mir, ein bitterer Klang, der alles andere verstummen ließ – die Freude, die Liebe, die Leichtigkeit. Diese Wut legte mein wahres, liebendes Ich in Ketten. Ein Kerker aus hasserfüllten Gedanken, den ich selbst baute. Ich dachte, es sei meine Stärke, meine Rüstung, doch es war mein Käfig. Der Fluss des Lebens in mir wurde zu einem Rinnsal, kaum hörbar unter dem Lärm meines Zorns.

Eines Tages, voller Groll, mit einer Seele, die schwer wie Blei war, sah ich durch Zufall einen der Menschen wieder, die mich einst belasteten – einen Jungen, der mein Lachen zertrampelt hatte. Er war kein Junge mehr, sondern ein gestandener Mann, ein Arzt, der der Welt Heilung brachte.

Ich war erstarrt, die alten Wunden schrien: „Hass ihn! Er verdient es!" Aber tief in mir ertönte ein fernes Echo: „Vergib ihm, er war doch nur ein dummes Kind."

Solche inneren Dialoge kennen wir alle. Der gesamte Groll und Zorn kämpfte dagegen an, ein Sturm, der mich niederdrücken wollte. Aber ich ließ los – nicht aus Schwäche, nicht aus Zwang, sondern weil ich es plötzlich fühlen konnte.

Es war, als hätte ein Moment der Wachsamkeit, mir diesen wechselseitigen Dialog im Geiste offenbart, gesponnen aus Gedanken und Gefühlen. Diese Erkenntnis und das Gefühl der Leichtigkeit, das mich erlöste – davon bin ich überzeugt – war ein Fingerzeig des flehenden Selbst in mir, welches mich erreichen wollte. Alles wurde klar und es war, als könnten meine Lungen mehr Luft aufnehmen, als könnten meine Augen mehr Farben sehen.

Das ist die Kraft der Vergebung – sie zündet Dein Lachen, wo der Schatten es zu ersticken versucht, wo Du urteilst anstatt zu verstehen. Der menschliche Makel lehrt uns festzuhalten: an Schmerz, an Recht, an Rache. Dein Hass schreit: „Sie verdienen Deine Wut!", „aber ich hab doch recht!", „ich werde das niemals verzeihen!"

Doch Dein Herz lächelt und fragt: „Warum schleppst Du diesen Stein noch immer den Berg hinauf?", „Was fesselt Dich daran?"

Es geht nicht darum, die Fehler anderer zu leugnen – sie waren echt, sie taten weh, sie hinterließen Narben.

Es geht darum, zu sehen, dass diese Fehler auch Teil des Spiels waren, gewählt aus Unwissenheit, Angst oder Egoismus.

Der Junge, der Arzt wurde, war kein Heiliger – er war ein Mensch, der einst fiel und später anders wählte. Du kennst das sicher, ich kenne es auch – Fehltritte gehören zum Leben, zum Tanz, zu Dir. Und indem ich ihm vergab, brach ich meine eigenen Ketten. Nicht seine.

Wenn Du Dich gerade selbst erkennst, bin ich zuversichtlich der Groll in Dir ballt die Fäuste, zählt jede Wunde, will Gerechtigkeit. Doch siehst Du hin? Wirklich in Dich hinein?

Vielleicht ist ein Mensch, der Dich einst beleidigte, jetzt müde, still und seine Seele leer und fahl. Vielleicht ist ein Freund, der Dich einst hinterging, nun selbst verloren. Das Licht flüstert: „Sieh ihn an." Und wenn Du es tust, wenn Du den Funken in seinen Augen findest – denselben, der in Dir lebt – kannst Du loslassen. Nicht weil er es verdient, sondern Du. Vergebung ist kein Geschenk an den anderen – es ist ein Geschenk an Dich, ein Funke, der Dein wahres Ich befreit.

Der Groll, den ich trug, war mein Schatten – laut, schwer, ein Gefängniswärter, der mich bewachte. Doch die Vergebung war mein Licht – still, klar, ein Schlüssel, der eine unbekannte Tür öffnete. Diesen Schlüssel zu drehen, ist Deine Aufgabe, es ist Deine Wahl.

Vielleicht kannst Du nicht alles sofort vergeben – manche Taten wiegen zu schwer und das ist kein Versagen.

Doch halte die Augen offen, das Licht wird sich Dir zeigen. Sobald Du es zulassen kannst, wirst Du fühlen, wie die Ketten fallen. Die Luft wird leichter, die Welt heller, Dein Lachen bunter.

Der Groll war mein Hammer, der zerstörte. Die Vergebung war mein Hammer, der ein Fenster baute, damit ich die Sonne wieder sehen kann.

Das Göttliche in uns braucht keine Rache – es braucht unsere Rückkehr. Und manchmal beginnt diese Rückkehr, wenn wir anderen vergeben, nicht weil sie es verdienen, sondern weil wir es können.

Der Junge war mein Lehrer, ohne es zu wissen – er zeigte mir die Finsternis meiner Seele, damit ich das Licht finden konnte. Denn wie sagt man so schön: „Je finsterer die Nacht, desto heller erstrahlt das kleinste Licht".

Vielleicht gibt es jemanden in Deinem Leben, dessen Fehler Dein Zündfunke sein wollen. Sieh hin, lass los und spüre, wie Dein Herz erwacht – nicht schwach, sondern wild und frei.

Du kannst Dir selbst die Freiheit schenken, indem Du anderen ihre Fehler überlässt – nicht als Last, sondern als Echo ihres Schattens. Mein Herz erhob sich damals, und ich hörte zu. Hör auf Deines, wenn es flüstert.

Vergebung der Fehler anderer ist kein Ende, sondern ein Anfang – ein Funke, der die Dunkelheit durchdringt. Es ist Dein Spiel, Dein Tanz, Dein Leuchten – und wenn Du loslässt, wirst Du fliegen.

XI

DIE UNENDLICHKEIT
GÖTTLICHER VERGEBUNG
IST HIERMIT ERKLÄRT

Die Unendlichkeit göttlicher Vergebung ist kein ferner Traum, kein Märchen für die Frommen. Sie ist hier, jetzt, in Dir – eine Wahrheit, die leuchtet, selbst wenn Du knietief im Treibsand stehst. Denn das, was wir fern als falsch empfanden, aber dennoch taten, war nur Ausdruck unseres unbewussten Schattendaseins. Für uns Menschen unbegreiflich, aber aus Sicht des Lichts klarer als jedes Wasser. Wir erfahren Vergebung und göttlichen Dank, wenn wir uns dem gütigen Selbst nähern – nicht als Lohn, sondern als Geschenk.

Ich weiß, es ist eine Behauptung, doch hat mein von großen Tiefen und Höhen durchwachsenes Leben mir eben diese Erkenntnis geschenkt. Und ich lade Dich ein: Sei frei, nimm es für Dich, lass zu, dass das Licht Vergebung gibt, wenn der Wunsch nach ihr aufrichtig ist.

Du trägst die Lasten schwerer Jahre – Fehler, die wie Steine auf Deiner Seele liegen. Worte, die Du schriebst, Taten, die Du bereust, Momente, in denen Du schwach warst, obwohl Dein Gewissen „Nein" flüsterte.

Vielleicht hast Du verletzt, gelogen, genommen, wo Du hättest geben sollen. Der Schatten ist ein lauter Richter – er zeigt auf sich selbst in Dir, zählt jede „Sünde" auf, flüstert: „Du bist unwürdig." Und manchmal glaubst Du ihm so sehr, dass Du Dich selbst verdammen willst, dass Du denkst: „Ich verdiene keine Gnade." Aber hör mir zu: Diese Selbstverdammnis ist nur ein Ausdruck Deines finsteren Gemüts, ein Trugbild, das Dich von der Freiheit fernhält.

Das Göttliche, von dem ich spreche, sitzt nicht auf einem Thron und wiegt Deine Taten auf einer Waage. Es ist kein strenger Vater, der Dich straft oder begnadigt. Es ist ein Fluss, der fließt – unendlich, still, ohne Urteil. Für das Licht gibt es keine „schlimmsten Sünden", nur Schritte im Tanz der Dualität. Wenn unsere Handlungen uns falsch vorkommen, ist es der Schatten, der uns lenkt – die Angst, die uns blind macht, die Gier, die uns taub macht, der Stolz, der uns trennt.

Doch das Licht sieht klarer: Es weiß, dass Du nicht das Böse bist, sondern der Spiegel Deiner Entscheidungen. Es begleitet Dich als die innere Stimme der Vernunft – „Das sollte ich vielleicht lassen", „Vielleicht hab ich da etwas übertrieben, war zu hart", „Will ich wirklich so weiterleben?"

Und wenn Du Dich dem Guten näherst, wenn Du ehrlich sagst: „Ich habe gefehlt", dann umarmt es Dich, denn es weiß, wer Du wirklich bist, es kennt Dein wahres Ich, wie es wäre, ohne je einen Schattenschritt getan zu haben. Auf dieses wahre Selbst arbeitet es unermüdlich hin. Das Gestern kann nicht neu geschrieben werden, das Morgen steht noch nicht fest – nur im Jetzt kannst Du Wunder vollbringen.

Ich habe das selbst erlebt. Mein Leben war ein Chaos – Augenblicke, in denen ich flog, und Nächte, in denen ich fiel. Ich habe Fehler gemacht, die mich jahrelang verfolgten – Worte, die ich nicht zurücknehmen konnte, Entscheidungen, die andere in Schmerz stürzten. Der Schatten war mein Begleiter, ein Fluch, der sagte: „Du bist verloren."

Doch als mich dieses Kribbeln rief, wagte ich es, meine Fehler anzusehen, nicht mit Hass, sondern mit Ehrlichkeit. Ich hörte kein donnernd grollendes „Du bist frei" vom Himmel stürzen, sondern vernahm ein Gefühl, eine Wärme, die mich umarmte.

Die Unendlichkeit göttlicher Vergebung fragt nicht nach der Größe Deiner „Sünden", sondern nach der Tiefe Deines Wunsches, heimzukehren.

Es mag sein, dass manch Mensch Dir nicht vergeben kann – ein Freund, den Du enttäuscht hast, ein Fremder, den Du verletzt hast.

Und ja, sie hätten es bestimmt schwer, den ersten Stein zu werfen, wie es Jesus einst andeutete. Wenn Du vor Dir selbst zugeben kannst, dass Du Fehler gemacht hast, braucht es keine Worte, keine Rituale, keinen Ruf in den Himmel – nur Dein aufrichtiges „Ja" zu Dir selbst.

Denk an den Hammer, den wir schon öfter trafen. Das Licht sieht nicht den Schlag, sondern die Hand, die jetzt bereut, die jetzt sucht. Es sagt: „Du bist zurück."

Selbst die dunkelste Tat, selbst der tiefste Fall wird klein vor der Unendlichkeit dieser Liebe, die Dich nicht verurteilt, sondern ruft. Und wenn Du zweifelst, denk an die Welt. Wir haben Kriege geführt, Tempel gebaut, die Erde mit Beton bedeckt – alles Gräueltaten, alles menschliche Makel. Doch das Licht vergibt uns allen. Es sieht die Tränen hinter den Schlachten, die Sehnsucht hinter den Mauern, es weiß welche Angst Dich lähmt. Es wartet darauf, dass wir uns ihm nähern – nicht als Heilige, sondern als Menschen.

Meine Behauptung mag kühn sein, aber mein Leben hat sie mir geschenkt: Vergebung ist kein Handel, kein „Wenn-dann". Sie ist ein Geschenk, das Du annimmst, indem Du es fühlst, indem Du Dich Deinem Gewissen näherst, egal wie tief Du gefallen bist. Denn es wollte Dich nie leiden lassen, nur warnen vor einem falschen Schritt.

Lass zu, dass das Göttliche Dich findet. Selbst wenn Du denkst, Deine Fehler seien zu groß, Dein Schatten zu dicht, bist Du nur einen Atemzug von der Befreiung entfernt. Dein Herz weiß es – es schlägt nicht, um Dich zu strafen, sondern um Dich zu rufen. Der innere Frieden ist dann kein Dank für Deine Fehler, sondern für Deinen Mut, sie zu sehen.

Sei frei, nimm es an. Das Licht vergibt, wenn Du verstehst, dass Du gefallen bist und den Wunsch hast aufzustehen. Dein wahres Ich leuchtet schon – hör auf seine Bitte, komm heim.

XII
ES IST NIE ZU SPÄT
SEI DIE VERÄNDERUNG!

Es ist nie zu spät. Hörst Du? Das ist kein leeres Versprechen, kein Spruch, der verstaubt zwischen Kalenderblättern hängen bleibt. Es ist eine Wahrheit, die in Dir pulsiert, ein Flüstern Deines Lichtes, das durch die Schatten bricht, egal wie dunkel sie geworden sind. Du bist hier, atmest, fühlst – und das allein ist Beweis genug, dass der Tanz noch nicht vorbei ist.

In diesem Spiel der Götter, in dieser Dualität, die uns durchzieht, hast Du immer die Macht, die Waage zu kippen. Sei die Veränderung – nicht morgen, nicht irgendwann, sondern jetzt, in diesem Moment, mit diesem Atemzug.

Deine Sorgen sind laut – sie hämmern Dir ein, dass es zu spät ist, dass Du verloren bist, dass die Welt aus Beton und Knochen keine Gnade kennt. Aber das ist eine Lüge, die Du Dir erzählst, um Dich klein zu halten. Schau in Dich hinein. Spürst Du das leise Ziehen, das sagt: „Es gibt noch einen Weg, er ist zwar noch vernebelt, aber ich kann etwas sehen?" Das ist das Leuchten, das nie erlischt, egal wie oft Du gestrauchelt bist. Es wartet nicht auf perfekte Menschen – es wartet auf Dich, genau so, wie Du bist.

Das, wovon ich spreche ist kein ferner Gott, kein Bildnis auf einem Thron. Es ist in Dir, eine Kraft, die durch Deine Entscheidungen lebt. Der menschliche Makel hat uns gelehrt, dass wir fehlerhaft sind – wir bauen Dämme um Flüsse, malen Götter mit Gesichtern, verbannen das Unsichtbare. Doch derselbe Makel gibt uns die Freiheit, anders zu wählen. Reiße die Dämme nieder, die Bildnisse, die uns vergessen lassen, den Fluss fließen zu sehen. Du bist kein Zuschauer in diesem Spiel – Du *bist* das Spiel Deines Lebens und jede Runde beginnt mit einer neuen Chance.

Mal stehst Du an einem Kreuzweg, vor Dir liegt ein Pfad: eine alte Wut, die Dich treibt, eine knurrende Gier, die Dich blind macht, eine lähmende Angst, die Dich fesselt. Neben Dir ein schmaler Weg: ein Lächeln, das Du schenkst, eine Hand, die Du reichst, ein Moment, in dem Du innehältst. Der Schatten schreit: „Bleib, wo Du bist!"
Das Licht flüstert: „Geh, es ist möglich."
Und Du? Du hast die Wahl!

Vielleicht hast Du gestern Fehler gemacht, vor einem Jahr, vor einem Leben. Aber jetzt, genau hier, kannst Du umdrehen. Geh den ersten Schritt – klein, unsicher, zaghaft, aber *Dein* Schritt, *Deine* Entscheidung.

Denk an die Welt da draußen. Sie ist voll von Beton, von Maschinen, von Knochen, die wir ausgraben, um uns zu beweisen, dass wir recht haben. Wir haben das Göttliche in Regeln gepresst, in Kriege getrieben, in Besitz verwandelt. Doch selbst in dieser Welt gibt es Risse, durch die die Sonne bricht – eine Träne, die auf eine liebevolle Schulter tropft, ein Nachbar, der Dir aushilft, ein Baum, der trotz Asphalt wächst.

Du kannst einer dieser Risse sein. Sei die Veränderung, nicht indem Du die ganze Welt umkrempelst, sondern indem Du sie berührst – mit einem Wort, einer Tat, einem Funken. Es braucht keinen großen Plan, keine Trompeten. Es braucht Dich, wie Du bist, jetzt.

Ich war Gefangener des Hasses – auf andere, auf mich. Jahre voller Bitterkeit, ein Leben, das mit harten Worten und kalten Händen gefüllt war. Doch es brauchte keinen Blitz, kein Wunder – nur ein einzelner Moment, in dem ich mir zuhörte: „Ich könnte anders sein." Ich begann, zu teilen, statt zu nehmen, zuzuhören, statt zu schreien, aufzustehen, statt hinzuschmeißen.

Die Welt um mich veränderte sich nicht an einem Tag, aber die Samen, die ich pflanzte, zeigten bald schon Blüten. Ich war kein Heiliger, kein Held – nur ein Mensch, der begriff: Es ist nie zu spät. Der Mensch der ich war ist fort. Heute bin ich endlich *ich* – erfüllt ohne Wünsche, beruhigt ohne Trost, alles ist im Fluss.

Du bist nicht anders. Vielleicht hast Du Fehler gemacht, die Dich nachts wachhalten. Vielleicht hast Du das Göttliche in Dir überhört, weil die Sorgen so laut waren. Ich wiederhole mich: Der Tanz geht weiter. Jede Entscheidung ist eine neue Runde, ein neuer Atemzug, der sagt: „Du kannst."
Es ist nie zu spät, das Gute zu wählen – nicht als Pflicht, sondern als Geschenk.

Wenn Du heute ein freundliches Wort sprichst, wo gestern Schweigen war, bist Du die Veränderung. Wenn Du morgen eine Hand reichst, wo gestern eine Faust lag, bist Du die Veränderung. Und wenn Du heute ein bedingungsloses Lächeln schenkst, bist Du die Veränderung. Die Welt spiegelt zurück, was Du aussendest – nicht als Märchen, sondern als Echo Deiner universellen Verbindung.

Du bist nicht gefangen in Deiner Vergangenheit, nicht verdammt durch Deinen Makel. Du bist frei. Es ist nie zu spät, den Hammer niederzulegen und stattdessen ein Lied zu summen. Das Göttliche in Dir wartet nicht auf Perfektion – es lebt in Deiner Bewegung, in Deinem Mut, anders zu sein.

Sei die Veränderung – nicht für mich, nicht für ein Dogma, sondern für Dich und die Welt, die Du berührst. Es ist kein Kalenderspruch, sondern ein Ruf, der in Dir widerhallt.

Die Dinosaurier sind Staub, die Tempel zerfallen, aber Du bist hier, jetzt, lebendig. Jede Sekunde ist eine Tür, die Du öffnen darfst. Geh hindurch, auch wenn Deine Schritte wanken. Das Licht in Dir wird lauter, andere werden es sehen. Es ist nie zu spät, den Tanz zu drehen, den Fluss zu befreien, das Spiel zu spielen. Sei die Veränderung und die Welt tanzt mit Dir!

XIII
FINDE DEINEN WEG!

Das Gute gewinnt immer. Nein leider nicht. Wenn Du meiner Sicht folgen kannst, hast Du gelernt, dass das Gute nicht in der Dimension „Gewinnen" denken kann. Es ist einfach in uns und wartet, dass wir es leben. Es liegt an uns, ob wir den Schattenseiten der Seele weiter folgen.

Wenn die Welt sich selbst in Kriege stürzt, Krankheiten, Dürren und alles unsere Existenz zu quälen versucht, mag das ein Ausdruck des Zustandes der Menschheit sein, unserer kollektiven „Überschattung".

Doch lässt Du zu, dass nicht „die anderen was tun müssen", sondern, dass „ich sofort etwas tun kann", dann wirst Du es spüren. In jedem Bereich des Lebens kannst Du tanzen. Das Böse mag laut sein, seine Siege blitzen hell – Kriege, die Städte zerreißen, Gier, die Herzen verdunkelt – doch seine Triumphe sind Sandburgen, die der nächste „Wind der Veränderung" zerstreut.

Das Gute ist leise, ein Fluss, der sich seinen Weg bahnt, auch durch Stein. Es braucht Zeit, es fordert Mut, aber es bleibt, wo der Schatten verblasst. In diesem Spiel der Götter bist Du der Beweis: Solange Du wählst, solange Du atmest, wirst Du jederzeit einen Weg finden können, auch wenn er steinig wirkt.

Es bedarf keiner heroischen Gesten, keiner schillernden Fanfaren – kleine Funken, die leuchten, während die Dunkelheit vergeht, sind genug!

Es ist auch egal, wo Du gerade stehst, egal wie oft Du fielst. Wichtig ist nur, wie oft Du wieder aufstehst!

Denk an den heutigen Arzt, den ich traf – ein Junge, der mich brach, wurde ein Licht, das heilt. Sein Schatten war echt, mein Schmerz war echt, doch das Licht in ihm kehrte zurück. Und als ich vergab, gewann das Gute in mir. Das ist kein Zufall, sondern der Tanz, der das Leben formt.

Das Gute ist manchmal schwer zu sehen, weil es keine Bedingungen stellt. Der Schatten sagt: „Beweise Dich, nimm, herrsche." Das Licht sagt: „Du kennst den Weg."

Ich habe das gesehen, in meinem eigenen Sturm. Ein kalter Chor aus „Du bist nicht genug". Aber meine Wärme kam zurück, nicht als Richter, sondern als Freund. Das Schöne in mir und um mich herum wuchs – nicht weil ich perfekt wurde, sondern weil ich wählte.

Mein Leben ist kein Beweis für meine Größe, sondern für die Kraft des Schönen in uns, das gewinnt, wenn wir es lassen.

Die Welt zeigt es uns: Kriege enden, und Menschen bauen wieder auf. Tempel zerfallen, doch Liebe bleibt. Dinosaurier starben, und dennoch erblühte unser Leben – Dein Leben, mein Leben. Der Schatten mag Stürme entfachen, doch das Gute ist der Wind, der sie zerstreut.

Der Tanz endet nie – jede Sekunde ist eine Bühne, jeder Atemzug eine Chance. Du bist nicht verloren, da ist ein Weg – weil Du hier bist, weil Dein Herz schlägt, weil Du wählen kannst!

Das Gute ruft, weil es in Dir lebt, unzerstörbar, auch wenn Du es noch nicht siehst.

Sei der Beweis – wähle jetzt Dein wahres Selbst und finde *Deinen* Weg!

XIV
EIN GESCHENK
FÜR DIE WELT

Falls ich Dich erreicht habe, bedanke ich mich von Herzen. Du hältst dieses Buch in Deinen Händen – vielleicht mit einem Lächeln, vielleicht mit einem Stirnrunzeln, vielleicht mit einem Kribbeln im Bauch, das Du nicht ganz erklären kannst. Wie auch immer es Dich gefunden hat, ich bin dankbar, dass Du hier bist, dass Du mit mir durch diese Seiten gewandert bist. Ich habe dieses Buch nicht geschrieben, um Ruhm zu ernten oder Regale zu füllen. Ich habe es geschrieben, um der Welt etwas zu schenken – einen Funken, ein Flüstern, eine Möglichkeit. Und jetzt, am Ende dieser Reise, liegt es an Dir, diesen Funken weiterzutragen.

Vielleicht sitzt Du in einem Sessel, das Buch aufgeschlagen, während draußen der Wind durch die Bäume streift. Oder Du bist in einer lauten Stadt und diese Worte sind ein Moment der Stille zwischen dem Lärm. Wo auch immer ich Dich treffen durfte, ich möchte Dich um etwas bitten – nicht als Forderung, sondern als Einladung. Falls Du verstanden hast, was ich Dir sagen wollte – dass das Göttliche in uns lebt, dass Licht und Schatten in jedem Atemzug tanzen, dass wir selbst wählen können, wer wir sind – dann löse Dich vom Halten dieses Buches. Es ist kein Objekt, das staubig in einem Regal enden soll. Es ist ein Geschenk, das weiterleben will.

Finde einen Menschen in Deinem Leben, von dem Du glaubst, dass er diese Worte lesen sollte. Vielleicht ist es ein Freund, der sucht, ohne es zu wissen. Vielleicht eine Fremde, deren Augen eine stille Sehnsucht tragen. Vielleicht jemand, der Dir nahe ist, den Du überraschen möchtest.

Nimm dieses Buch, reiche es weiter und verrate nicht zu viel. Lass den Empfänger rätseln, weshalb Du ihm ein solches Manifest weitergibst. Sag vielleicht nur: „Das hat mich berührt, ich dachte dabei an Dich." Oder lass es ganz ohne Worte. Ein stilles Geschenk, das für sich selbst spricht.

Sieh es als einen Akt des Lichts – eine kleine Flamme, die Du weitergibst, ohne zu wissen, wohin sie zieht.

Ich habe das selbst getan. Ich las einst ein Buch von Eknath Easwaran, das mich tief bewegte – seine Worte waren wie ein warmer Wind, der meine Seele streifte.

Als ich es zu Ende gelesen hatte, wollte ich es nicht behalten. Ich wollte, dass das Buch eine Reise macht. Also schrieb ich eine kleine Notiz hinein – wer es gelesen hat und wann. Ich gab es einer Seele weiter, bei der ich ein inneres Gefühl verspürte, es könnte ihr Freude bringen. Ich stellte keine Bedingung. Ich äußerte nur den Wunsch, dass es, wenn es fertig gelesen wird, nicht zu mir zurückkehrt, sondern in die nächsten Hände gegeben wird. Es sollte eine Reise machen, von Hand zu Hand, und Geschichten sammeln, die ich nie hören werde. Es war mein erstes Geschenk dieser Art und entfachte kurze Zeit später den Funken und die Inspiration für dieses finale Kapitel. Jetzt ist dieses Buch mein persönlichstes Geschenk. Ich hoffe, es wird reisen und die Welt ein kleines Stück verschönern.

Falls der Mensch, den Du wählst, es ablehnt, sei nicht bitter. Es ist kein Versagen, kein Schatten, der über Dich fällt. Manche sind noch nicht bereit und das ist in Ordnung – das Spiel der Götter lässt uns alle in unserem eigenen Tempo tanzen. Dreh Dich um, schau noch einmal. Du wirst ein schwaches Licht finden, das Dich und Dein Geschenk braucht.

Vielleicht ist es ein Nachbar, der selten lächelt. Ein Kind, das neugierig die Welt entdeckt. Jemand, den Du kaum kennst, aber dessen Sorgen Du spürst. Vertrau Deinem Gefühl – das Licht in Dir weiß, wohin es gehen will.

Ein kluger Verkäufer mag ich so nicht werden. Ich habe keine fetzigen Werbesprüche erfunden, um Dich zu verlocken. Dafür lebt meine Seele in diesen Zeilen und der Wind trägt meine Wünsche weiter und das ist mir genug.

Dieses Manifest ist kein Produkt, es ist ein Gespräch, das ich mit Dir geführt habe, eine Hand, die ich Dir gereicht habe. Und jetzt bitte ich Dich, diese Hand weiterzugeben. Nicht aus Pflicht, sondern aus Freude – weil Du Teil dieses Tanzes bist, Teil dieser Dualität, die uns alle verbindet.

Jede Hand, die es hält, entfacht einen kleinen Hauch von Licht – nicht laut, nicht grell, sondern warm und still. Und vielleicht, eines Tages, kreuzen sich die Wege dieser Menschen, ohne dass sie es wissen, verbunden durch ein paar Seiten, die Du weitergegeben hast. Ist das nicht ein wundervoller Traum? Ein Netz aus Funken, das sich über die Welt spannt, nur weil Du „Ja" gesagt hast?

Ich weiß, dass nicht jeder das tun wird. Manche werden dieses Buch behalten, es in ein Regal stellen, es vergessen oder schlichtweg als Mahnung behalten und auch das ist nicht falsch. Aber die, die es weitergeben, werden etwas spüren – ein Kribbeln, eine Wärme, ein Echo des Göttlichen in ihnen. Es ist kein Zufall, dass Du hier bist, dass Du diese Worte liest. Du bist ein Spieler in diesem großen Spiel und Deine Entscheidung zählt. Nicht für mich, nicht für irgendeinen Gott da oben, sondern für die Welt, die wir miteinander teilen.

Falls ich Dich erreicht habe, dann ist mein Herz voll. Ich habe dieses Buch geschrieben, um einen Funken zu säen und Du bist jetzt ein Teil von mir, ein Teil, der meinen Wunsch versteht und ihn tragen kann.

Löse Dich vom Besitz, nicht aus Verlust, sondern aus Liebe. Schenke es weiter, lass es leuchten. Denn wichtig sind die kleinen Momente, die wir so oft übersehen. Danke, dass Du mit mir getanzt hast.

Jetzt ist es an Dir.

NACHWORT

Da sind wir nun, das Ende steht geschrieben, aber die Form ist noch offen. Da unten, in den Tiefen, wo die Wurzeln Deiner Träume greifen, beginnt etwas zu flüstern. Es ist kein lautes Lied, kein Trommeln, das die Welt erzittern lässt, sondern ein leises Rauschen, wie Wasser, das durch verborgene Risse sickert. Dieses Manifest ist aus solchen Tiefen gestiegen – aus den Schatten meines Lebens.

Es ist kein Denkmal, kein Turm aus Stein, keine heilige Schrift, sondern ein Funke, der Dich fand. Und jetzt, da Du hier bist, am Ende dieser Reise, hörst Du vielleicht mein Echo, das fragt: „Was leuchtet in Dir?"

Du bist kein Zuschauer mehr, sondern ein Mitspieler in diesem großen Spiel, und dafür bin ich unendlich dankbar.

Dieses Buch will ein Anfang sein. Kleine Bündel aus Papier und Tinte, die in Händen ruhen, die ich nie kennen werde. Vielleicht findet es jemand auf einer Bank, wo Du es zurückgelassen hast. Diese Seiten sind ein Geschenk, das weiterwandern will, von Herz zu Herz, von Licht zu Licht. Das ist die Fantasie, die mich trägt: Fäden, die sich über die Welt spannen, unsichtbar und doch echt, gewoben aus Deiner Hand, aus meiner, aus unserer.

Es begann in meiner Seele, in den Tiefen, wo ich mich selbst verlor und wiederfand. Ich war kein Heiliger, kein Weiser – nur ein Mensch. Es ist kein Werk der Vollkommenheit, sondern der Ehrlichkeit, ein Spiegel, der meine Narben zeigt und meine Hoffnungen singt. Doch es gehört mir nicht mehr – es gehört Dir, der Welt, dem Fluss des Lebens.

Das Licht, von dem ich spreche, will gesehen werden, nicht in Tempeln oder Dogmen, sondern in Dir, in jedem Moment, in dem Du wählst.

Du bist jetzt der Wind, der diesen Funken trägt, die Hand, die ihn entfacht. Falls ich Dich erwischt habe, wenn auch nur für einen Atemzug, dann habe ich mehr erreicht, als wenn ich die Seiten nie geschrieben hätte. Das Buch ist keine Religion, sondern ein Liedtext, den Du fühlen kannst, weil Du Teil seines Liedes bist.

Der Ausblick ist offen, unendlich wie der Fluss, von dem ich spreche. Ich sehe eine Welt, in der wir uns wiederfinden, nicht durch Dogmen, sondern durch unsere Augen.

Dieses Manifest ist der Anfang – ein Tor, das Du öffnen kannst, wann immer Du willst.

Nimm es, lies es noch einmal, wenn Du magst, und dann gib es weiter – was folgt, liegt in Deinen Händen, in den Händen anderer, in der Fantasie, die wir gemeinsam träumen.

Ich bin gefallen und wieder aufgestanden. Ich habe getrauert und gelacht. Ich vergaß meinen Hass und fand meine Liebe. Ich bin kein Meister, kein Heiliger, aber ich bin ein ehrlicher Mensch geworden – oder versuche es zu sein – und das reicht mir.

Aus der Tiefe meiner Seele kam dieses Buch, in die Tiefe Deiner Seele will es zurück. Lass uns die

Welt heller machen, einen Funken nach dem anderen.

EINE ABSCHLUSS-ANEKDOTE

Schließe gleich Deine Augen, erlebe Dich, als wärst Du eine Biene. Lebe den ganzen Tag Dein Bienenleben. Tanze auf den Blüten der Welt, singe im Sonnenlicht mit Deinen Freunden, Dein Herz lacht. Irgendwann kommst Du heim und fängst an, wie von selbst, Honig herzustellen. Dieses süße Ambrosia – ist das nicht schön?

Diese Biene, die Du bist, wird niemals im Leben die Funktion des Imkers begreifen, der sie führt und beschützt. Doch manchmal benebelt er Dich, damit er Deinen Honig stehlen kann – Dein Lachen, Deinen Lebenssaft. Das ist unsere Seele, entsprungen aus dem Fluss des Lebens, der der Dualität entspringt.

Nimm das mit in Deine Träume. Mir reicht es, wenn Dich dieses „Was wäre wenn?" erreicht und Du auf diese Weise Dein Licht findest. Darum ein letzter Aufruf: Flieg!

LESERBRIEF-AKTION

Es würde mich sehr glücklich machen, wenn Du mir einen Brief schreibst, in dem Du mir Deine Geschichte teilst. Wenn sich Dein Leben, durch diese Seiten, zum Positiven verändert hat, würde ich gerne Deine Geschichte hören. Die Kern-Philosophie, der Blick auf die Welt, durch meine Augen, ist hier niedergeschrieben. Doch kann es vielleicht noch größer werden, wenn es weitere Vorbilder gibt. Und da kommst Du ins Spiel. Wenn ich Deinen Brief bekomme und ich ihn drucken darf, werde ich, von Zeit zu Zeit, die bewegendsten Geschichten in eine Leserbrief-Sammlung aufnehmen. Kleine Zusatzwerke herausgeben, die die Menschen inspirieren können, auf ihren eigenen Weg zurückzufinden. Auch diese Bücher werde ich dann losschicken, mit dem Wunsch des Verschenkens, damit man die positiven Energien irgendwann im Wind singen hört.

Die Brief-Anschrift für das Postfach findest Du im Impressum zu Beginn dieser Reise! Bitte schreibe unbedingt dazu, ob ich sie vollständig, gar nicht oder anonymisiert veröffentlichen darf!

Herzlichen Dank!